ALLOCUTION

PRONONCÉE DANS

L'ÉGLISE DE SAINT-PIERRE DU GROS-CAILLOU

LE JEUDI 23 JUIN 1881

POUR LE

MARIAGE DU MARQUIS DE MAC-MAHON

ET DE

Mlle MARTHE DE VOGÜÉ

PAR

MONSEIGNEUR PERRAUD

ÉVÊQUE D'AUTUN

AUTUN

IMPRIMERIE DEJUSSIEU PÈRE ET FILS

1881

Mon cher Frère,

Ma chère Sœur,

Vos familles m'ont demandé de bénir votre union et de recevoir, en présence de Dieu et de son Église, les serments qui vont lier vos jeunes destinées.

Je me suis rendu à leur appel. Dans quelques instants, sous le regard et la bénédiction du Tout-Puissant, vous échangerez de solennelles promesses; vous dresserez vous-mêmes ce contrat que la grâce de Notre-Seigneur Jésus-Christ élèvera tout aussitôt à la dignité de Sacrement. Opération divine, à la fois mystérieuse et sensible, destinée à sanctifier maintenant et pour toujours le don que vous allez vous faire de l'un à l'autre, et d'où résultera cette grande chose que l'Église catholique n'a cessé et ne cessera de défendre contre toutes les révoltes des passions : l'unité et l'indissolubilité du mariage chrétien.

Avec tous ceux qui vous connaissent et qui vous aiment, nous saluons dans votre union l'alliance devenue plus étroite entre deux nobles familles auxquelles n'ont manqué ni la gloire des armes, ni celle des lettres, ni l'éclat incontesté des grands services publics. Vous portez, tous les deux, des noms qu'on salue avec respect depuis les rivages de la verte et lointaine Irlande jusqu'aux fertiles coteaux de notre Bourgogne ; et dans ces plaines d'Alsace que rougissait naguères un sang jeune et généreux versé près d'un illustre soldat que la France a vu plus grand aux jours douloureux de ses épreuves que dans ses heures de triomphe et de gloire ; et plus loin encore, dans les capitales de l'Autriche et de la Turquie, en Crimée et à Jérusalem.

On ne peut pas entrer dans la vie sous de plus

beaux auspices ni réunir en un même faisceau des gloires plus légitimes et plus pures; plus chrétiennes et plus françaises.

Mais la modestie étant traditionnelle dans vos maisons où elle marche de pair avec le mérite pour mettre sur lui le cachet de la véritable vertu, je ne m'arrêterai pas plus longtemps à faire devant vous l'éloge de ceux qui vous ont transmis l'héritage de noms si justement honorés et de si belles actions.

Aussi bien, suis-je venu ici pour faire œuvre d'évangéliste et d'apôtre. Vous n'attendez pas de moi ces vaines paroles, qui sont l'aliment d'un vain orgueil; vous attendez un enseignement approprié au grand acte que vous allez accomplir et dont vous puissiez vous souvenir avec profit quand vous serez engagés dans la vie sérieuse dont cette touchante cérémonie n'est que le prélude.

Cet enseignement, je l'emprunterai à un livre sacré qu'il ne faut pas se lasser de lire et de méditer quand on veut comprendre, selon les idées mêmes de l'éternelle Sagesse et de l'infinie

Sainteté, cette institution du mariage, si souvent altérée par les sophismes ou par les mauvaises passions des hommes.

Voici ce que le jeune Tobie disait, dès la première heure de leur vie en commun, à la compagne que Dieu lui avait presque miraculeusement choisie et réservée : « Debout, Sara ! » et prions Dieu, aujourd'hui, demain et encore » le jour d'après. » *Exsurge, Sara, et deprecemur Deum hodie, et cras, et secundum cras* (Tob. VIII, 4).

Quelle simplicité ! mais aussi quelle grandeur dans ce début de vie conjugale. On voit bien, pour parler le langage de nos livres saints, que ces jeunes époux ne sont pas semblables à ceux qui entrent dans la vie du mariage à la façon des païens, en ignorant Dieu : « Non possumus » conjungi sicut gentes quæ ignorant Deum » (Tob. VIII, 5).

Hélas ! l'impiété contemporaine a trouvé moyen de tout profaner, de tout déshonorer ! Logique et conséquente avec elle-même dans ses excès, comme nous le devrions être, nous, les enfants de la lumière, dans l'application quotidienne des préceptes et des maximes du saint Évangile, elle fait en ce moment un immense effort pour exclure Dieu de toute participation aux affaires et aux actions de l'homme. Par le mariage sans Dieu, elle prépare l'éducation et l'école sans Dieu ; comme par celle-ci elle se flatte de former, pour un avenir très prochain, une société dans laquelle le mariage, la naissance, la vie, la mort, ne seront que des applications diverses de l'outrageante négation de Dieu, et la victoire totale de l'athéisme sur les affirmations du bon sens et les protestations de la conscience.

Au fond, et sous des prétentions au rajeunissement et au progrès, rien n'est vieux et usé comme cette révolte de l'orgueil et des instincts corrompus contre les vérités nécessaires. En quoi ces impies de notre temps diffèrent-ils de ceux dont Job nous redit le langage insolent et insensé? « Retire-toi » de nous, ont-ils dit à Dieu, nous ne voulons pas » de la science de tes voies. » *Dixerunt Deo : recede a nobis : scientiam viarum tuarum nolumus* (Job. XXI, 14, et XXII, 17).

Certes! ce blasphème glace d'effroi quand on

l'entend proférer par une pauvre créature qu'une dernière convulsion va jeter aux pieds du souverain Juge, dans la pleine et inexorable lumière de l'éternité.

Mais il n'est ni moins déraisonnable ni moins sinistre quand, au lieu de conclure par un acte de suprême désespoir une vie sans religion, il prélude à cette carrière du mariage qui impose de si grands devoirs et crée les responsabilités les plus redoutables!

Insensée! comment cette parole ne le serait-elle pas sur les lèvres de ces jeunes gens qui, se proposant d'établir une nouvelle demeure sur le sable mouvant de l'existence, commencent par supprimer le seul fondement auquel elle se puisse appuyer : « Nisi Dominus ædificaverit domum, » in vanum laboraverunt qui ædificant eam » (Ps. CXXVI, 1) : et qui, à l'heure émouvante et sacrée où ils vont franchir ensemble le seuil de la chambre nuptiale, se retournent vers Dieu, non pour implorer son secours et se placer sous sa protection, mais pour lui signifier dédaigneusement qu'ils ne veulent avoir rien de commun avec Lui et que sa sainte présence serait de trop dans l'intimité de leur vie nouvelle! « Dixerunt » Deo : recede a nobis! »

Mais ce blasphème n'est pas seulement insensé, il est encore injuste et coupable! Car enfin, dans le mariage, on ne stipule pas pour soi seul. Il y a en jeu d'autres intérêts que ceux des contractants, et, comme l'épi dans sa fleur porte déjà en lui les moissons de l'avenir, derrière les époux qui se donnent la main et échangent aujourd'hui les serments sacrés de leur union, il me semble voir cette postérité qui, sortie d'eux, subira nécessairement l'influence des dispositions physiques ou morales de ceux auxquels elle devra le jour. Or, de quel droit signifier à Dieu, principe de l'être, qu'il sera étranger à cette mystérieuse transmission de la vie, dont il a lui-même réglé les lois? de quel droit priver ces êtres innocents de la lumière vivifiante en dehors de laquelle toute intelligence est enténébrée et tout cœur engourdi jusqu'à la mort?

Mais détournons nos regards du spectacle attristant de ces sacriléges et criminelles folies. Plaignons seulement les malheureux esclaves de ces consignes sectaires qui, en éliminant Dieu du contrat conjugal, enlèvent au mariage ses grands horizons, son idéale beauté, et la seule garantie de durée sans laquelle sont si éphémères les joies et les affections de notre pauvre vie. Plaignons plus encore la société qui aurait le malheur de voir s'acclimater chez elle, à l'ombre de ses lois inspirées par ses mœurs, ces criminels attentats à la grandeur et à la sainteté du mariage.

Pour vous, jeunes époux, vous pouvez répéter avec Tobie et Sara : « Nous sommes les fils des » saints, et nous ne nous unirons pas à la façon » des païens, qui ignorent ou méconnaissent » Dieu » (Tobie, VIII). Et c'est pour cela que vous vous redites l'un à l'autre la vaillante et noble exhortation : « Debout et prions le Sei- » gneur. » *Exsurge et deprecemur Deum.*

Oui, priez-Le aujourd'hui, *hodie;* aujourd'hui, dès le début même de votre vie en commun; au moment solennel où la jeune fille va perdre son nom pour prendre celui de son mari, et où son mari va jurer de lui être toujours un guide, un soutien, un modèle dans les courageuses ascensions du devoir et de la vertu.

Aujourd'hui; c'est-à-dire dans ces commencements où tout semble appartenir à un bonheur sans mélange, afin que ce bonheur ne soit pas l'ivresse dangereuse où l'esprit se trouble, où le cœur s'amollit, où la volonté défaille; mais une invitation pressante et douce de répondre aux libéralités de la divine Providence par un plus grand amour et une plus exacte fidélité.

Toutefois, ce n'est pas seulement aujourd'hui qu'il faudra prier : ce sera encore demain : « Deprecemur Deum hodie et cras. »

Demain : c'est ce surcroît de bonheur que nous vous souhaitons parce qu'il est dans le plan de l'éternelle Sagesse et une des fins du sacrement du mariage. Demain : ce sera la partie de votre vie où vous recevrez de Dieu la grande mission de lui élever des âmes. Oh! quand Dieu vous les aura confiées, ces chères âmes, soyez fidèles à les lui présenter et à les lui offrir. « Ut sisterent » eum Domino » (Luc II, 22).

Vous l'aurez mis de moitié dans les confidences

de vos premières affections; vous l'appellerez encore à travailler avec vous à l'éducation de vos enfants. Quand on est chargé de former et de faire grandir des âmes, comme il faut sentir son impuissance et le besoin d'une assistance continuelle de l'esprit de Dieu, pour recevoir de lui la sagesse, le don de concilier la bonté et la force, « suaviter et fortiter »; afin que dans l'art difficile de l'éducation, ni la force ne dégénère en dureté, ni la bonté en faiblesse.

Ainsi ont fait vos parents pour vous, pendant les années de votre première jeunesse. Vous en pourriez rendre témoignage, Monsieur, vous à qui un deuil prématuré a fait trouver dans votre mère toutes les tendresses de la femme et la courageuse virilité d'une chrétienne capable de suppléer l'époux absent par la vigueur des résolutions unie à la sagesse des conseils : « Feminea » cogitationi masculinum animum inserens » (II Mach. vii, 21).

Ajouterai-je, avec Tobie, qu'il vous faudra encore prier à ce surlendemain de la vie vers lequel nous sommes si rapidement entraînés.

« Deprecemur Deum hodie, et cras, et secundum » cras. » Oui, la vie passe; les années disparaissent. Aujourd'hui, vous êtes au printemps, la saison charmante où les oiseaux font leurs nids dans les fleurs. Mais bientôt, viendront l'été et l'automne, où l'on recueille; puis l'hiver, où l'on se recueille. Et vous ne cesserez pas de prier le Seigneur pour qu'il soit la belle et douce lumière des années de votre vieillesse.

D'autres alors se tiendront autour de vous et vous entoureront de leur tendresse et de leur vénération. Ce sera le temps de goûter les joies chantées par David au psaume 127e. « Une épouse que Dieu aura rendue semblable à une vigne féconde, toute chargée de fruits; des enfants et des petits-enfants se pressant autour de leurs parents et de leurs aïeux, comme les olives au temps de la récolte. » *Uxor tua sicut vitis abundans! Filii tui sicut novellæ olivarum.*

Je m'en réjouis d'avance pour vous et pour vos familles : je m'en réjouis aussi pour mon diocèse où vous continuerez de nobles et pieuses traditions.

Mais le Psalmiste n'enferme pas le bonheur des époux dans un cercle étroit et égoïste. Il a en leur nom des pensées et des vœux pour la prospérité de la patrie terrestre et pour l'honneur de la cité sainte qui est le centre de la religion. « Pacem super Israel ! videas bona » Jerusalem ! » (Ps. cxxvi).

Comment, avec les noms que vous portez, n'autoriseriez-vous pas notre espoir de vous voir compter parmi ceux qui sauront travailler, lutter, et, s'il le faut, souffrir avec nous pour faire s'embrasser de nouveau dans un fraternel embrassement ces deux mères de nos âmes, l'Église catholique et la France, auxquelles nous sommes redevables de tout ce que nous avons reçu de bon dans la vie ?

Mademoiselle, un grand chrétien de nos jours, à propos de cet Orient qu'il a si bien décrit et où il a si noblement représenté l'influence traditionnelle de la France, a dit une belle parole.

Cette parole, je veux, en finissant ce discours, la mettre dans votre écrin de mariage comme une perle fine qui sera particulièrement précieuse à votre piété filiale.

Votre noble père, le marquis de Vogüé, a dit : « L'Orient aura pour maître celui qui saura faire » le plus grand signe de croix. »

Je dirai la même chose de notre France bien-aimée; de cette France que se disputent en sens divers des compétiteurs si étrangers à son passé chrétien et à ses meilleures traditions.

Jeunes époux, et vous tous, mes chers auditeurs, je vous conjure de faire par votre vie ce grand signe de croix qui rendra la France à Jésus-Christ pour la rendre à elle-même, dans la dignité et dans la liberté!

AUTUN. — IMP. DEJUSSIEU PÈRE ET FILS

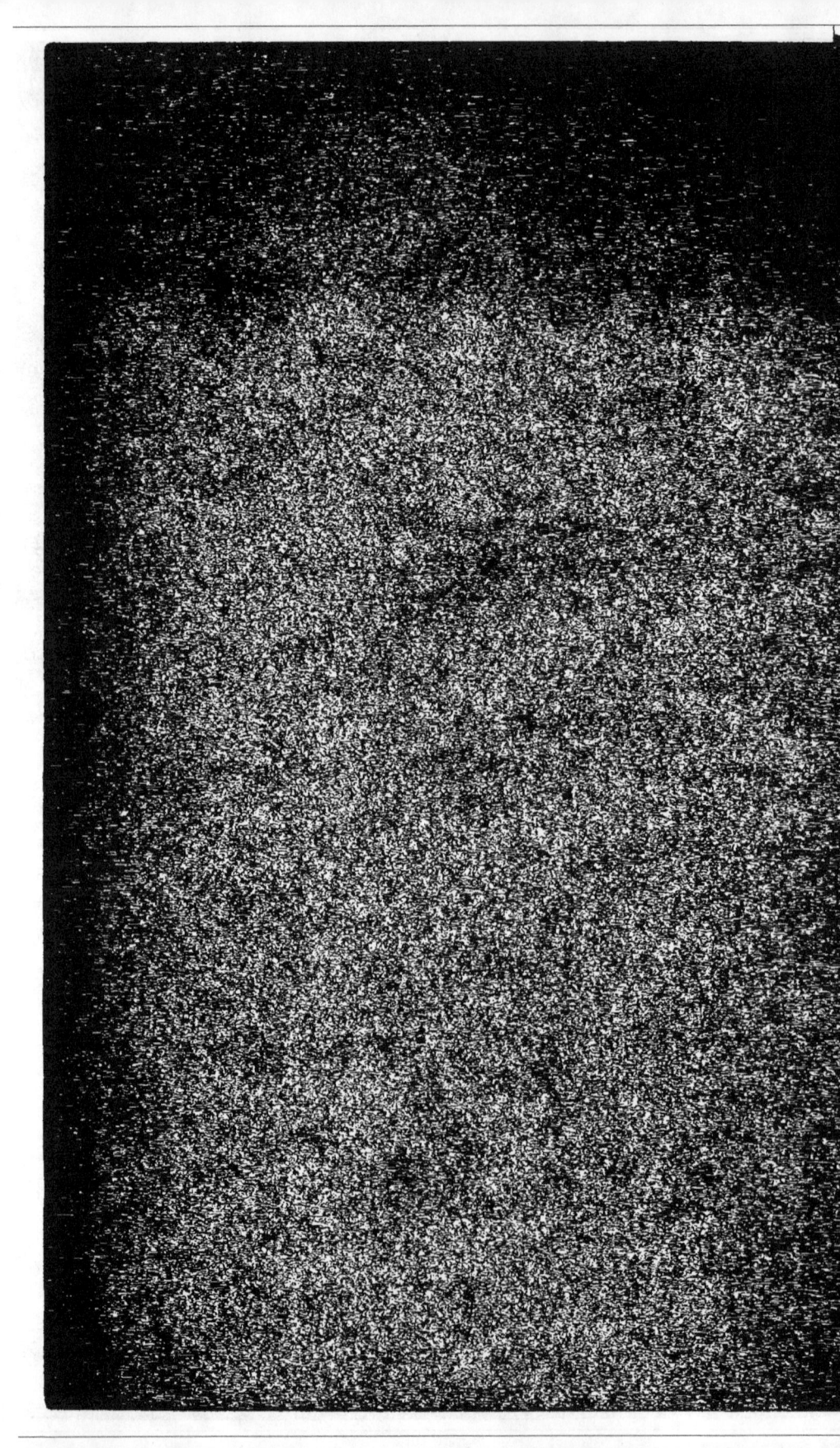

www.ingramcontent.com/pod-product-compliance
Lightning Source LLC
Chambersburg PA
CBHW060621050426
42451CB00012B/2358